EL ARTE DE APRENDER
A CAMINAR POR LA VIDA

ExLibric

MYRIAM NAVARRO GIMÉNEZ

EL ARTE DE APRENDER A CAMINAR POR LA VIDA

EXLIBRIC

ANTEQUERA 2024

EL ARTE DE APRENDER A CAMINAR POR LA VIDA
© Myriam Navarro Giménez
Diseño de portada: Dpto. de Diseño Gráfico Exlibric

Iª edición

© ExLibric, 2024.

Editado por: ExLibric
c/ Cueva de Viera, 2, Local 3
Centro Negocios CADI
29200 Antequera (Málaga)
Teléfono: 952 70 60 04
Fax: 952 84 55 03
Correo electrónico: exlibric@exlibric.com
Internet: www.exlibric.com

ISBN: 978-84-10297-16-6
Depósito Legal: MA 1957-2024

Impresión: PODiPrint
Impreso en Andalucía – España

Nota de la editorial: ExLibric pertenece a Innovación y Cualificación S. L.

MYRIAM NAVARRO GIMÉNEZ

EL ARTE DE APRENDER
A CAMINAR POR LA VIDA

Por todas esas personas que no dejan de luchar. Por aquellas a las que la vida no les ha tratado bien, por todas las personas que han salido adelante y por las que se han quedado en el camino, gracias por luchar hasta el final. Porque no hay nada más duro que luchar contra nuestra propia cabeza. Solo por eso deberías estar orgulloso/a de ti.

Esto va dedicado a todas las personas que me quieren, que han confiado en mí y que me han ayudado a cumplir mi sueño.

Por los que están, pero también por los que ya no.

Para mis padres, que nunca han dejado de apoyarme en la escritura.

Para mi hermana, mis amigas y cada una de esas personas que he conocido gracias a mi cuenta de escritos.

Por ti, lector/a, que te has tomado tu tiempo para leer este trocito de mi vida, gracias.

CAERSE Y LEVANTARSE DE NUEVO, ASÍ ES LA VIDA

Sé que estás cansad@,
que muchas veces piensas
que nada va a mejorar,
que todo te supera y no puedes más.
Déjame decirte que te entiendo.
Sé que no es fácil,
pero te aseguro que nada es para siempre.
Que todo eso que te está matando ahora
llegará un momento
en que formará parte de tu pasado,
y será algo que te haya hecho aprender
y madurar.
Solo te puedo decir que sigas adelante,
que toda esa lucha habrá merecido la pena
que tú habrás superado el dolor,
que te habrás convertido
en una mejor versión,
y habrás ganado la batalla
que tanto te ha hecho sufrir.
Y todas esas personas que te quieren
estarán cada vez más orgullosas de ti.

CICATRICES

Ella usaba sus cicatrices como alas,
como el viento en la arena,
como el polvo en la tierra.
El agua formaba parte de ella,
porque desde la lejanía se podía ver
su melena al viento correr,
sus zapatos desgastados de luchar
y su sonrisa recuperándose al vencer.

AMISTAD

Y qué bonito es encontrar
una persona con la que poder contar,
que te diga las cosas que no quieres escuchar
y, aun así, no tener nada que reprochar.
Me ha costado muchos años encontrar
a alguien a quien poder mirar
con ojos de admiración,
y esa gran sensación
de tener a mi lado
a esa persona que siempre he esperado.

SOLEDAD

Muchos la temen,
otros intentan huir.
Algunos se escapan,
a otros les persigue.
Y aunque nadie te diga cómo salir,
siempre hay un sendero de luz blanca,
porque nada es para siempre y, si sigues,
te darás cuenta de que no era para tanto,
porque, al fin y al cabo, siempre acabas ganando.

EXIGENCIA EN EXCESO

Todos nos dicen que hay que luchar por lo que queremos; que, si soñamos algo, hay que ir a por ello, pero nadie nos avisa de lo duro y difícil que es luchar en exceso. Nos centramos tanto en llegar a nuestra meta que muchas veces no nos damos cuenta del machaque al que estamos sometidos.

Estrés, agobio, presión, exigencia... No podemos estar todo el día machacándonos de esa manera, porque llegará un momento en que no podamos más.

Luchar por lo que queremos siempre estará bien, pero no podemos olvidar que nuestra salud mental va por delante de todo lo demás, porque si la cabeza no está bien, nada a nuestro alrededor lo estará.

Porque siempre he dicho que no hay salud sin salud mental.

ESTAR A GUSTO CON TU CUERPO

Desde que somos pequeños nos meten en la cabeza la importancia de cuidarnos y tratarnos bien, pero nadie nos enseña cómo hacerlo. Vivimos en una sociedad en la que las críticas están a la orden del día, y hasta por hacer las cosas bien te critican. Todos dicen que no hay que hacer caso a los malos comentarios, pero tarde o temprano siempre acaban doliendo.

«No hagas caso, te tienen envidia», «hay cosas peores, no lo tengas en cuenta».

¿Por qué tengo que aguantar que la gente me critique hasta por hacer las cosas bien? ¿Por qué no puedo ir por la vida a mi bola sin necesidad de sentirme mal por las críticas?

Lo hemos normalizado tanto en la sociedad que ya nadie le da importancia.

Creo que no debemos dejar de hablar de ello, y mucho menos dejar de luchar para que algún día esto no sea costumbre.

Porque nadie merece ser criticado. Todos deberíamos vivir nuestra vida, sin necesidad de meternos en la de los demás.

TCA (Trastorno de la Conducta Alimentaria)

Nadie puede imaginar lo que es esto, hasta que tu vida empieza a estar controlada por algo que te impide ser libre.

Muchos piensan que un TCA es tener problemas con la comida y nada más, pero lo que no saben es que hay miles de factores que pueden ser malas conductas y pueden llegar a desarrollarse en este tipo de enfermedades. Enfermedades que, si no se saben controlar, pueden acabar con tu vida.

Anorexia, bulimia, trastorno por atracón, trastorno de conducta alimentaria no especificado, PICA... Son solo algunas de las muchas enfermedades que un TCA puede hacerte sufrir.

Estas enfermedades van mucho más allá de querer engordar o adelgazar, y de no estar conforme con tu cuerpo, te lo quita todo, poco a poco, llegas a perderte a ti mismx.

Solemos pensar que es imposible salir de los TCA, pero mucha gente ha salido y se ha recuperado. ¿Por qué piensas que tú vas a ser distinta al resto?

Es duro, muy duro, pero necesitas ayuda para salir, y no pasa nada si la necesitas.

Quiero hacerte una pregunta: ¿crees que te mereces todo el daño que te está causando la enfermedad? Ya te contesto yo: claro que no te lo mereces.

Quiere a tu cuerpo mucho más que a los demás. Para querer a los demás bien, primero tienes que quererte a ti.

Piénsalo, te mereces todo lo bonito que te pase.

MIEDO A LA VIDA

¿Sabes? Nos pasamos media vida en constante cambio, en procesos lentos, dolorosos, difíciles, duraderos… Pero también hay pequeños momentos de alegría, intensidad, risas, ilusión, ganas, poder… Las cosas pueden ser difíciles, momentos de reflexionar, días duros y con ganas de soltar las riendas, y es en ese preciso instante en el que nos tenemos que decir «está bien no poder hoy, ni mañana, pero de esta salimos y nos levantamos». Porque así es la vida. Nada es lineal, es un proceso continuo, duro, exigente… Pero si no te levantas y afrontas la vida con lo que te ofrezca, será el dolor el que te habrá vencido. No tengas miedo a estar siempre sumergid@ en el dolor. Se sale, te lo prometo. Volverás a tener esa ilusión, a que te brillen los ojos y a esas sonrisas que te curan el alma. Porque hasta la estrella que menos brilla tiene esa lucecita deslumbrante.

MIEDO AL FRACASO

Tengo una guerra dentro de mí que no me deja dormir tranquila. Es un miedo y una intranquilidad que no me dejan descansar en paz.

Siento miedo de no escuchar los halagos cuando algo me sale bien, cuando consiga triunfar. Tengo miedo de caer en las risas y burlas de los demás. Soy valiente, o eso quiero pensar, aunque muchas veces lo dude.

A veces, llego a pensar que todo me supera, que estoy perdida, y eso me aterra. Pero luego me tranquilizo y me siento orgullosa de haberlo intentado con todas mis ganas, porque tengo claro que solo fracasa quien no lo intenta, y yo sé que lo he dado todo. Porque las cosas pueden salir mejor o peor, pero si lo has intentado, nunca será un fracaso.

SALUD MENTAL

Salud mental. Cuántas veces habremos oído estas palabras y algo dentro de nosotros se ha encogido. Mucha gente se empeña en decir que la salud mental está sobrevalorada, que no es para tanto, que no hace falta hablar todo el rato de ello, pero lo que no saben es que los problemas de salud mental acaban con la vida de muchas personas.

La salud mental afecta a nuestra forma de pensar, sentir y actuar. Cómo gestionamos las situaciones difíciles, también las agradables; cómo nos relacionamos con otras personas y tomamos decisiones.

La depresión no tiene edad.

Los ataques de pánico no son una exageración.

La ansiedad no es una llamada de atención.

La baja autoestima no es un juego.

Ojalá algún día todos entiendan que la salud mental es tan importante como la física.

MÁS ALLÁ DE UN CUERPO

Y me enamoré sin ver su físico,
sin apreciar sus manos, brazos o tobillos.
Me enamoré de la magia de sus ojos,
del brillo de su mirada,
de la conexión desde el segundo uno,
de la vida, la fuerza y la valentía.
Sin ser nada de eso, me encantaba así.
No miré su cuerpo, aprecié su razón,
el brillo de sus ojos y los latidos del corazón.

ESTOY APRENDIENDO...

Estoy aprendiendo a vivir conmigo misma, a estar orgullosa de mí cuando las cosas no salen como esperaba. A darme el valor que me merezco, incluso cuando me equivoco, o cuando siento que todo se me viene encima. Estoy aprendiendo a quererme cuando me miro al espejo y no me siento a gusto con mi apariencia, a quererme por todas esas veces que no lo he hecho y que ahora sé que merezco. Porque, como siempre digo, no se trata de esperar a estar bien para poder quererme, se trata de quererme incluso cuando no puedo más.

Repítelo todas las veces que necesites

Puedes tú sola.

Siempre pudiste, y siempre podrás. Esta vez no va a ser menos, pero recuerda que pedir ayuda no es de cobardes, sino de valientes.

Capítulos

Y quiero que recuerdes que, aunque estés viviendo un mal capítulo en tu vida, no significa que tengas una mala vida. Porque el capítulo, tarde o temprano, terminará, y la historia seguirá.

La historia no ha hecho más que empezar, así que sigue, avanza. Ya verás que tu historia mejora. No puedes rendirte por unos días, meses, años, temporadas malas. Todo pasa, te lo aseguro. Siempre vuelve a salir el sol.

No dejes de ser feliz

No dejes que pasen los años sin intentar ser feliz cada día, porque hay tanta gente que va por la vida sin sentirse vivo por el qué dirán, por hacer siempre lo mismo, por la rutina, sin ninguna emoción, ni ninguna meta.

Canta, ríe, agradece, abraza y besa.

Empecemos a sentirnos vivos y no solo a respirar; no aceptes pasar por esta vida sin ser feliz. Porque vida solo hay una, y tú mereces brillar y disfrutar.

MAGIA

Detrás de ese brillo sucede la magia,
esa que te conecta y te engancha,
la que te vuelve loco con su mirada,
con su esencia y sus armas,
la que te da el amor y el cariño que te falta.

AUNQUE A VECES LAS COSAS NO SEAN JUSTAS...

La vida a veces no es justa, pero hay que afrontar los golpes y seguir adelante. Aunque te frustres y veas a tus sueños cada vez más lejos, hay que seguir. ¿Sabes por qué? Porque si no te caes, te levantas, amas, sueñas, te ilusionas, ¿qué clase de vida sería esta? Sé que a veces da miedo caerse, da miedo el propio miedo, pero si no lo intentas, ¿de qué servirá todo lo demás? Porque no podemos vivir con miedo toda la vida. Coge al toro por los cuernos, y a luchar. La vida consiste en eso, caerse, levantarse y volverse a caer. Pero si ni siquiera lo intentas por miedo a fracasar, en realidad, ya lo habrás hecho, ya habrás fracasado. Así que cáete, levántate y cúrate las heridas. Todo el esfuerzo y todo el dolor habrán merecido la pena.

EL ARTE QUE LLEVA EN SU SANGRE

Belleza es la manera de mirarla,
de encontrar la calidez de su cara,
la perfección en su figura,
la suerte en mirarla
y la ilusión de tenerla.
Suerte es tenerla
bonita, fuerte y segura,
unión de almas y corazones,
lucha de miradas, ganas de besarla.
Porque hay que estar demasiado loco
como para no mirarla.
Ella es el arte, las ganas y la llama,
la vida, la ilusión y las ganas,
el tesoro más poderoso
que tienes entre tus garras.

PARA ATRÁS, NI PARA COGER IMPULSO

Porque la única vez que deberías mirar hacia atrás es para darte cuenta de todo lo que has superado, avanzado, y conseguido. Esas luchas, lágrimas, caídas y heridas, te aseguro que habrán merecido la pena. Aunque te haya dolido y costado la vida, habrá valido la pena.

OJALÁ NOS HUBIÉRAMOS CONOCIDO ANTES

No volvería a repetir mi vida
por nada del mundo,
pero si tuviera que volver a comenzar de nuevo,
tengo claro que iría a encontrarte mucho antes.

Porque no se trata de quién vino primero,
o quién te conoce de hace más tiempo:
se trata de darse cuenta de quién llegó
y, aun así, se quedó.

PUEDO ESTAR PARA TI, SI ME NECESITAS

No puedo darte soluciones a todos los problemas de la vida (ojalá), ni tengo la respuesta a todas tus dudas, pero sabes que siempre podré escuchar tus miedos.

No puedo cambiar tu pasado, ni saber cómo será tu futuro, pero cuando me necesites, estaré para ayudarte.

No puedo evitar que te tropieces, porque eso forma parte de la vida, pero lo que sí puedo hacer es darte la mano y evitar que te caigas. Y si no, estaré ahí para levantarte y seguir luchando de tu mano.

Hoy no quiero luchar

Hoy no quiero seguir,
no quiero ser fuerte.
Hoy solo me sale llorar,
quiero sentirme frágil.
Deseo que la tierra se abra
y me trague, me lleve con ella.
Hoy no intentes ayudarme,
estoy cansada.
Hoy solo quiero caer, solo hoy,
te prometo que mañana todo será distinto.

Llorar, caer y no querer ser fuerte también es parte del proceso. No pasa nada por no querer seguir un día. Tómate tu tiempo para descansar, mejorar y cuidarte. Eso sí, cuando vuelvas al ataque, brilla más que nunca.

Todo, todo, todo...

Todo es difícil hasta que lo consigues. Todo da miedo hasta que te paras a conocerlo. Todo te da igual hasta que lo pierdes.

Que tengas a una persona a tu lado no quiere decir que vaya a estar contigo toda la vida. Las amistades, las relaciones, el amor, todo esto hay que trabajarlo; no vale solo con tenerlo, porque se puede ir en cualquier momento, y te habrás dado cuenta demasiado tarde de que has perdido algo especial.

Vamos a cuidar a las personas que queremos siempre, aunque estén bien, aunque sepamos que las tenemos. Nunca se sabe cuándo será el último abrazo que os podréis dar.

¿Y SI BAJAS UN RATITO DEL CIELO?

Tú ya estabas lista para echar a volar, pero mi corazón nunca estuvo preparado para verte marchar. Porque realmente no sé qué duele más, si la tristeza de saber que ya no estás, o darme cuenta de que nunca volverás. Porque cada día eres la estrella que más brilla. Porque solo muere quien es olvidado, y yo sé que siempre vas a estar en mí. Porque nunca se van del alma aquellos que hicieron magia en nuestra vida.

No sabes lo mucho que te admiro

Y de verdad admiro que te levantes, cuando las cosas están mal. Que lo hagas incluso cuando las lágrimas se apoderan de ti y solo tienes ganas de rendirte.

Solo tú eres consciente de lo mucho que te ha costado levantarte una vez más, de los obstáculos que has tenido que esquivar y de las heridas que te has tenido que curar.

Así que trátate bien, quiérete y a seguir luchando como lo has estado haciendo hasta ahora. Valora cada pasito que das, porque te aseguro que con esos pequeños pasos verás grandes objetivos.

¿COMUNICACIÓN O COMPRENSIÓN?

A menudo nos dicen que la comunicación es la clave en una relación, pero creo que es la comprensión. Puedes comunicar todo lo que quieras a alguien, pero si no te entiende, no servirá de nada.

Así que, es importante comunicarse, hablar, confiar, pero lo es más sentirte comprendido.

NADIE LO NOTA...

Nadie nota tus lágrimas.
Nadie nota tu tristeza.
Nadie nota tu dolor.
Todos notan tus errores.
Así que VIVE.
Y que pase lo que tenga que pasar.
Lo único que importa es tu felicidad,
así que, si te tienes que equivocar,
hazlo, ya aprenderás.

YA NO ESTÁS AQUÍ

De una forma u otra,
aquí has estado, aquí estás
y aquí seguirás.
Porque entre flores nos reciben en el hospital,
y entre flores nos despiden.
Cuando te fuiste, me dejaste pensando
en que hay personas que nunca nos dejan,
que siempre seguirán aquí,
aunque ya no estén físicamente.
Algunas personas jamás se van,
son ETERNAS.

ABRÁZAME OTRA VEZ, POR FAVOR

Y cuando me abrazó,
sentí que no hay lugar en el mundo
donde pueda estar más a gusto
que entre sus brazos.
Porque entre tantos bocinazos,
lo único que escucho es el latir de su corazón,
cuando me da esos abrazos.

Y, COMO DIJO MARIO BENEDETTI, ALGUIEN A QUIEN ADMIRO

No te rindas, aún estás a tiempo
de alcanzar y comenzar de nuevo,
aceptar tus sombras, enterrar tus miedos
liberar el lastre, retomar el vuelo.
No te rindas, la vida es eso,
retomar el vuelo,
perseguir tus sueños,
continuar el viaje,
apartar los obstáculos y destapar el cielo.
No te rindas, por favor,
aunque el frío queme
aunque el miedo muerda,
aunque el sol se esconda
y el frío se apodere de ti.
Porque la vida es tuya,
y tuyos son los sueños también,
porque no hay heridas que el tiempo no cure.
Vivir la vida, aceptar el reto, recuperar la sonrisa.
Por favor, no te rindas, no estás sola,
yo TE QUIERO.

TIEMPO...

Nunca es tarde,
el tiempo solo se acaba cuando la vida se apaga.
Y, hasta ese momento,
siempre habrá posibilidad de seguir adelante.

NO VUELVAS A APAGARTE, JAMÁS

Qué bonita te ves cuando eres tú misma,
siendo siempre tú,
sin importar quiénes sean los demás.
Brilla, déjales ciegos,
pero jamás te vuelvas a apagar.

AUNQUE DUELA,
HAY QUE PASAR PÁGINA

Una de las cosas más difíciles en la vida es aceptar que algo ha llegado a su fin.

Hay que cerrar ciclos, romper vínculos, aunque nos duela en lo más profundo de nuestro ser.

Aceptar que algo se ha acabado y dejarlo ir, decir adiós, para seguir con nuestra vida y poder ser felices.

Y es hora de cerrar la puerta de ese lugar que tanto daño te ha hecho, coger las maletas y dirigirse a una nueva etapa en tu vida. Mirar de frente y aprender a volar cada uno por su lado.

Nunca olvidaré a las personas que formaron parte de mi vida, porque da igual cuál sea el motivo por el que ya no están. Cada una de ellas me ha enseñado algo que tenía que aprender.

Ahora toca brillar, volar y ser feliz, yo sola, porque sí, me necesito más que nunca.

NADA ES PARA SIEMPRE

Todo en cualquier momento puede cambiar.
Vive el día a día,
no te acostumbres ni te aferres a nada.
Disfruta de cada momento, de cada instante.
Confía en ti, en lo mucho que eres
y lo mucho que te mereces,
en todo lo que das,
y te aseguro que lo bueno
acabará llegando.

YA ME CANSÉ

Me cansé de tratar de arreglar cosas
que no he roto,
cosas que no me pertenecen.
Me cansé de buscar soluciones
para los problemas que yo no he causado,
de intentar arreglar las cosas con personas
que yo no he echado de mi vida.
Y ya no hay vuelta atrás,
porque me cansé de dar lo mejor de mí
y que nadie lo valore.
Así que llámalo egoísmo o como quieras,
yo prefiero llamarlo amor propio,
porque no voy a luchar por personas
que no dan ni un paso por mí.
Prefiero luchar yo sola,
arreglar mis problemas, arreglarme a mí,
porque llevo años intentando arreglar
los problemas de los demás
y, al final, la única que sale perdiendo
siempre soy yo.
Así que sí,
prefiero mirar por mi amor propio.

ANSIEDAD

La ansiedad llega cuando piensas que tienes que resolver todo al mismo tiempo, cuando te apropias de problemas y cosas que no te pertenecen y cargas tu mochila hasta arriba.

No te hagas cargo de problemas que no son tuyos, y si te haces cargo de ellos, pon límites, no dejes que te consuman los problemas de los demás, no te sumes cosas que no tienen que ver contigo. Ve poco a poco, solucionando las cosas por partes. Eres fuerte, pero a veces no podemos con todo.

Y no pasa nada. Podemos caernos, llorar y perder las fuerzas. Eso forma parte del aprendizaje. Eso sí, luego nos levantamos más fuertes.

TODO PASA (POR ALGO)

El tiempo va a pasar
y, con él, se irán tus miedos,
tus tristezas, tus lágrimas, tus heridas.
Todo lo que hoy te duele
mañana formará parte de tu pasado,
de esos momentos que te mataron por dentro,
pero que te hicieron ser más fuerte.
Algún día, la tristeza
ya no formará parte de tu vida
y volverás a sonreír de verdad,
porque eres más fuerte de lo que te piensas,
porque vales oro,
solo tienes que creértelo.

VUELVE

Ya has llorado, sufrido,
te has apagado demasiado.
Ahora toca sonreír, disfrutar y empezar a vivir.
Deja todo ese dolor atrás y VIVE,
pero, sobre todo, empieza a vivir por ti,
y no por los demás.

SONRÍE, ANDA

¿Te has dado cuenta de lo bonita que estás cuando sonríes? Hazlo más a menudo, aunque sea por la calle, sonriendo a un desconocido.

Aunque hoy no tengas ganas, sonríe. A tu madre, a tu padre, a tu hermana, a tus abuelos, a un amigo, pero hazlo. Estás preciosa, porque mi alma se llena cuando te veo sonreír.

HAZLO, AUNQUE SEA CON MIEDO

Mi lema de vida: hacer las cosas, aunque sea con miedo, porque, si no me arriesgo, nunca voy a saber si va a merecer la pena.

Así que haz lo que te dé la gana, sin importar lo que dirán, o si saldrá bien o no, porque todo lo bueno comienza con un poco de miedo.

O UNA COSA U OTRA

Puedo quererte o puedo odiarte,
pero jamás me saldrá olvidarte.
De una forma u otra,
has formado parte de mi vida,
has estado a mi lado,
hemos vivido mucho junt@s.
Ahora las cosas ya no son las mismas
y, aunque ya no se puede hacer nada,
nunca dejaré de pensarte.

PARA UNA AMIGA ESPECIAL

Mirando el cielo azul pasar,
algo bonito pude llegar a encontrar.
Veía como el viento
guiaba a las aves a su hogar.
Esto me hizo pensar en ti,
en lo bella que es nuestra amistad.
Sé que a veces te he descuidado,
pero siempre has estado en mi pensar.
Eres la alegría de mis días,
también mi inspiración.
Te quiero con el alma
y con todo mi corazón.
Aunque a veces te metas conmigo,
sabes que siempre voy a estar
para protegerte y cuidarte,
y todos los días pensarte.

Ahora me quiero

Me quiero
por todo lo que he tenido que pasar,
por todo el daño que he dejado
que me hicieran,
por todo lo que he tenido que superar
sola y en silencio.
Me quiero porque me lo merezco,
porque creo que ya es hora
de dejar los errores atrás
y empezar a vivir en el presente.
Me quiero
por todos los días que no lo he hecho.

DATE TIEMPO

El corazón necesita más tiempo
para aceptar eso que la cabeza ya sabe.
No pasa nada,
date el tiempo que necesites,
para sanar, para aceptar
y para volver a estar bien,
para volver a ser tú.

ME GUSTARÍA...

Me gustaría mirar al cielo
y sentir que no te has ido,
que sigues aquí,
sonriendo a pesar de todo.
Me gustaría mirar al cielo
y sentir que estás ahí,
siendo la estrella que más brilla
en el centro de todas.
Me gustaría que siguieras aquí
y que nunca te hubieras ido.
De haber sabido que te ibas a ir tan pronto,
te aseguro que te habría abrazado más fuerte,
porque ojalá pudieras bajar del cielo
y contarme cómo estás allí arriba.
Te quiero con el alma y siempre lo haré.

Sólo quería darte las gracias

Por muchos días que llevemos sin hablar,
sé que siempre vas a estar para mí;
no importa si son dos días
o cien mil más.
Gracias por escucharme,
por estar siempre para cuidarme,
por apoyarme y quererme.
Nunca podría imaginarme
que ibas a ser tanto para mí:
antes apenas te conocía
y ahora no puedo vivir sin ti.

PERDIDA

Así me sentía.
Veía la vida pasar,
tiempos en guerra
alma inquieta,
luz amarilla.
Signos de alerta,
miedo al avanzar,
tiempo al caminar,
horas al tropezar.
Recaída, triste, confundida,
sentimientos de apatía.
Reencontrarse, conectar y luchar,
armas letales bien manejadas,
llegar a levantarse y luchar,
lograr, conseguir y alcanzar.

Al final, todo se consigue, aunque parezca difícil.
Tropiezas, caes, pero vuelves a levantarte. Sentir miedo
es normal, pero ese miedo te hace darte cuenta de que
estás avanzando. Dificultades por el camino se podrán
presentar, pero recuerda: no todo es como se ve, el arte
solo se aprecia en los ojos correctos. Así que lucha, por ti,
por reencontrarte, quererte y volver a construirte. Puedes
lograrlo, yo confío en ti.

La vida no se acaba, siempre sigue

Y me ha costado muchos años entender que la vida no se acaba por suspender un examen, ni por cometer errores, ni por tomarte un descanso de los estudios. La vida no se acaba por no entregar ese trabajo de fin de curso con el que te juegas las notas, ni por saltarte una clase.

La vida no se acaba por pensar que todos saben más que tú, o por no entender el temario de una asignatura.

La vida va mucho más allá de todo eso, y es más importante que suspender o tener malas notas. Las notas importan para sacar bien el curso y conseguir llegar a tu meta, pero no lo son todo.

No te machaques de más. Si no puedes, PARA, no pasa absolutamente nada. Para, coge aire, respira, pide ayuda y sigue luchando, todo a su tiempo.

VIVE EL PRESENTE

Lo importante es que te centres en el hoy,
ya no importa el ayer ni el mañana.
Hoy estamos aquí,
y mañana no sabemos
si nos habremos marchado.
Disfruta del presente,
porque el pasado ya no se puede cambiar
y el futuro aún no depende de ti.

JUNTO A TI

Te acompañaré en cada atardecer,
cada sonrisa y cada amanecer.
Estaré al aparecer cuando más me necesites.
Te querré y apoyaré siempre, aun sin ver.
Te esperaré y te rezaré cada noche, a cada hora,
porque esta lucha es tuya, pero un poco nuestra.
Siempre nos acompaña nuestra armadura,
tu sonrisa y tu dulzura.
Junto a ti, siempre al amanecer y al atardecer,
a cada momento día y hora.
Te querré al terminar y al empezar
hasta mi último paso por dar.

CONOCERTE,
EL MEJOR REGALO

Sé que nunca he llegado a decírtelo,
pero conocerte ha sido el mejor regalo.
Puede ser cuestión de suerte
o una simple coincidencia,
pero yo prefiero pensar
que el destino nos ha juntado
en el peor momento de nuestras vidas,
para superarlo todo juntas,
y no sabes lo afortunada
que soy de tenerte a mi lado.

DISTANCIA

Aunque nos separen cientos de kilómetros,
tengo claro que nuestra amistad rompe barreras,
porque noto a kilómetros
quién me quiere a centímetros.
Ojalá llegue el día en que pueda abrazarte
y podamos cumplir todas las promesas
que nos hemos hecho.
Nunca había sido consciente
de lo que dolía la distancia,
hasta que la única opción para verte
era a través de una pantalla.
No sé cuándo podré mirarte a los ojos,
pero te prometo que el día que lo haga
no te soltaré nunca más.

Qué bonito sería...

Qué bonito sería
que bajaras del cielo un momento
y te quedaras conmigo un ratito más,
para poder verte, sentirte y darte ese abrazo
que tanta falta me hace,
para escucharte y decirte que te quiero,
porque no estás físicamente,
pero en mi corazón estás siempre presente.
Qué bonito sería que te sentaras a mi lado
y me contaras qué hay allí arriba,
para poder contarte lo difícil
que ha sido todo desde tu partida.
Ojalá volvieras a la vida
para que me des consejos y me llenes de besos.
Qué bonito sería ver de nuevo
el reflejo de tus ojos,
que me enseñes que la vida
no se acaba con un adiós,
para aprender a vivir con tu ausencia.
Sé que nunca podré superar tu pérdida,
pero también sé que tengo un ángel
que me cuida desde allí arriba.
Espero que me estés viendo y sonriendo,

porque no te imaginas lo que duele
no tenerte conmigo.
Porque por dentro aún tengo esa sensación
de que estás conmigo y me acompañas,
aunque la vida ya te haya llevado lejos de mí.

TU CABEZA, UN LUGAR SANO

Y es que vas a pasar toda tu vida
en tu cabeza, contigo.
Pasa todo el día en ella,
haz que sea un lugar seguro,
donde todo lo que pienses de ti
sea bonito y positivo,
donde puedas tener una conversación contigo
y no te asustes por tus pensamientos.
Sana tu cabeza, va a ser tu lugar seguro.

Vales más de lo que te imaginas

Y ojalá llegue ese día en el que te des cuenta de que tu valor como persona va mucho más allá de lo que te imaginas. Que tu valor va más allá de los comentarios de los demás, de las notas que sacas, de lo que comes o dejas de comer. Vales más que el número de la báscula, que la talla de tu ropa o que todo lo que te puedas imaginar y machacar con ello. Tu valor como persona lo define todo eso que llevas dentro, porque nadie mejor que tú sabe lo que estás luchando y pasando. Si vas a hacer algún cambio en ti, que sea porque tú quieres y no por agradar a los demás. Te aseguro que el día que esto te quede claro, todo va a ser distinto.

Yo confío en ti y en que lo vas a conseguir, solo hace falta que te lo creas tú.

HUELLAS QUE MARCAN TU VIDA

Huellitas llenas de luz,
porque tú me enseñaste el valor del atardecer,
la sonrisa al amanecer y las caricias al caer.
El valor de crecer rodeada del buen ser.
Junto a ti, el sol, la luna y la vida
cobraron sentido,
porque, al parecer, nada es para siempre,
pero tu huella siempre quedará con nosotros
en cada atardecer, al caer el sol.

ESTÁ BIEN CAMBIAR

He cambiado, y no pasa nada. Sé que no soy igual que hace algunos meses. Mis ideas han cambiado, mi forma de pensar también. Ahora le doy importancia a cosas a las que antes no, y me dan igual cosas que antes ocupaban todo el tiempo de mi vida. Está bien cambiar. Es más, es necesario, no podemos ser igual toda nuestra vida. Cambia, evoluciona y crea una mejor versión de ti.

Y esto es un trocito de mi vida, cada palabra me ha salido del alma. Está hecho con el mayor cuidado y cariño del mundo. Espero que te ayude o, aunque sea, te venga bien leer mis poemas. Espero que te guste tanto como a mí cada palabra reflejada en este libro. Gracias por tomarte tu tiempo y leer este trocito de mí.

No dudéis de vuestro valor y de vuestro poder. Sé de sobra que podéis con todo y lo que hoy te duele mañana será parte de tu historia. Estoy orgullosa de ti, sé que te vendrá bien leerlo.

Podéis encontrar más consejos, reflexiones y textos en mi cuenta de Instagram «erescapazdetodo», un lugar donde escribo lo que siento, y un lugar seguro para desahogarte de lo que te preocupa. Aquí estoy, no lo olvides.

Gracias a cada persona que forma parte de mi vida por apoyarme e inspirarme para escribir cada verso y cada reflexión de este pequeño libro.

Gracias a ti por valorar mi trabajo y esfuerzo.

Gracias a los de allí arriba, a los que no podrán leerlo, y gracias a los que estáis aquí.

Índice